Planning and Establishing
Healthy and Helpful Habits

W E E K L Y   P L A N N E R

Activinotes

DAILY JOURNALS, PLANNERS, NOTEBOOKS AND OTHER BLANK BOOKS

Weekly Planner

The groundwork for all

hapiness is

Health.

Think positive, Exercise daily,
Work Hard,
Stay strong, Worry less,
Dance more, Love often,
Be Happy!

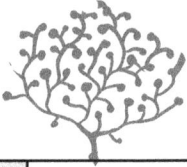

Weekly Planner

Monday	**Tuesday**
Wednesday	**Thursday**
Friday	
Sunday	

# Weekly Planner

things to do	things to buy
_____	_____
_____	_____
_____	_____
_____	_____
_____	_____
_____	_____
_____	_____
_____	_____
_____	_____
_____	_____

Healthy Meals
for this week :

-
-
-
-
-
-
-
-

Reminders

Work-out
Schedule :

-
-
-
-
-

Notes

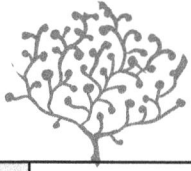

Weekly Planner

Monday

Tuesday

Wednesday

Thursday

Friday

Sunday

 # Weekly Planner

things to do

_____
_____
_____
_____
_____
_____
_____
_____
_____
_____

things to buy

_____
_____
_____
_____
_____
_____
_____
_____
_____
_____

Healthy Meals for this week :

-
-
-
-
-
-
-
-

Work-out Schedule :

-
-
-
-
-

Reminders

Notes

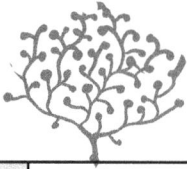

Weekly Planner

Monday

Tuesday

Wednesday

Thursday

Friday

Sunday

 # Weekly Planner

things to do	things to buy
_____	_____
_____	_____
_____	_____
_____	_____
_____	_____
_____	_____
_____	_____
_____	_____
_____	

Healthy Meals for this week :

-
-
-
-
-
-
-

Work-out Schedule :

-
-
-
-
-

Reminders

Notes

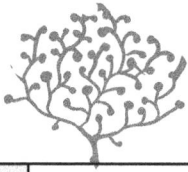

Weekly Planner

Monday	Tuesday

Wednesday	Thursday

Friday	

Sunday

# Weekly Planner

things to do	things to buy
_____	_____
_____	_____
_____	_____
_____	_____
_____	_____
_____	_____
_____	_____
_____	_____
_____	_____
_____	

Healthy Meals for this week :

-
-
-
-
-
-
-
-

Work-out Schedule :

-
-
-
-
-

Reminders

Notes

Weekly Planner

Monday	**Tuesday**
Wednesday	**Thursday**
Friday	
Sunday	

 # Weekly Planner

things to do   things to buy

_____   _____
_____   _____
_____   _____
_____   _____
_____   _____
_____   _____
_____   _____
_____   _____
_____   _____
_____   _____

Healthy Meals for this week :

-
-
-
-
-
-
-
-

Work-out Schedule :

-
-
-
-
-

 ## Reminders

Notes

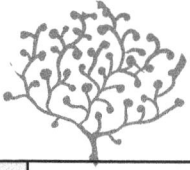

Weekly Planner

Monday		Tuesday	
Wednesday		**Thursday**	
Friday			
Sunday			

Weekly Planner

things to do	things to buy
_____	_____
_____	_____
_____	_____
_____	_____
_____	_____
_____	_____
_____	_____
_____	_____
_____	_____
_____	_____

Healthy Meals
   for this week :

-
-
-
-
-
-
-
-

Work-out
   Schedule :

-
-
-
-
-

Reminders

Notes

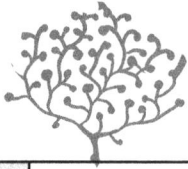

Weekly Planner

Monday	Tuesday
Wednesday	**Thursday**
Friday	
Sunday	

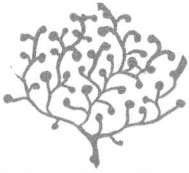

Weekly Planner

things to do	things to buy
_____	_____
_____	_____
_____	_____
_____	_____
_____	_____
_____	_____
_____	_____
_____	_____
_____	_____
_____	

Healthy Meals
for this week :

-
-
-
-
-
-
-
-

Work-out
Schedule :

-
-
-
-
-

Reminders

Notes

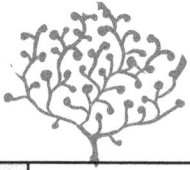

Weekly Planner

Monday	Tuesday

Wednesday	Thursday

Friday	

Sunday

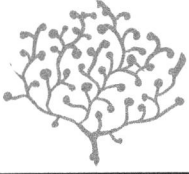

Weekly Planner

things to do	things to buy
_____	_____
_____	_____
_____	_____
_____	_____
_____	_____
_____	_____
_____	_____
_____	_____
_____	_____
_____	_____
_____	_____

Healthy Meals for this week :

-
-
-
-
-
-
-
-

Work-out Schedule :

-
-
-
-
-

Reminders

Notes

Weekly Planner

Monday		Tuesday	

Wednesday		Thursday	

Friday			

Sunday			

# Weekly Planner

things to do

_____
_____
_____
_____
_____
_____
_____
_____
_____
_____

things to buy

_____
_____
_____
_____
_____
_____
_____
_____
_____

Healthy Meals for this week :

-
-
-
-
-
-
-
-

Work-out Schedule :

-
-
-
-
-

Reminders

Notes

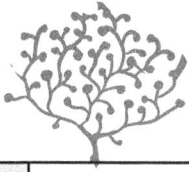

Weekly Planner

Monday		Tuesday
Wednesday		**Thursday**
Friday		
Sunday		

 # Weekly Planner

things to do

_____
_____
_____
_____
_____
_____
_____
_____
_____
_____

things to buy

_____
_____
_____
_____
_____
_____
_____
_____

Healthy Meals for this week :

-
-
-
-
-
-
-
-

Work-out Schedule :

-
-
-
-
-

Reminders

Notes

Weekly Planner

Monday

Tuesday

Wednesday

Thursday

Friday

Sunday

 # Weekly Planner

things to do	things to buy
_____	_____
_____	_____
_____	_____
_____	_____
_____	_____
_____	_____
_____	_____
_____	_____
_____	_____

Healthy Meals for this week :

-
-
-
-
-
-
-
-

Work-out Schedule :

-
-
-
-
-

Reminders

Notes

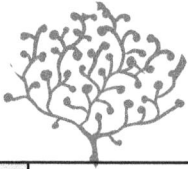

Weekly Planner

Monday		Tuesday	

Monday

Tuesday

Wednesday

Thursday

Friday

Sunday

Weekly Planner

things to do

_____
_____
_____
_____
_____
_____
_____
_____
_____
_____

things to buy

_____
_____
_____
_____
_____
_____
_____
_____

Healthy Meals for this week :

-
-
-
-
-
-
-
-

Work-out Schedule :

-
-
-
-
-

Reminders

Notes

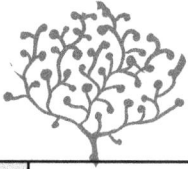

Weekly Planner

Monday		Tuesday
Wednesday		**Thursday**
Friday		
Sunday		

Weekly Planner

things to do	things to buy
_____	_____
_____	_____
_____	_____
_____	_____
_____	_____
_____	_____
_____	_____
_____	_____
_____	_____
_____	_____

Healthy Meals for this week :

-
-
-
-
-
-
-
-

Work-out Schedule :

-
-
-
-
-

Reminders

Notes

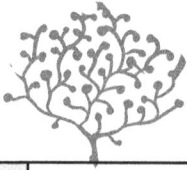

Weekly Planner

Monday	Tuesday

Wednesday	Thursday

Friday	

Sunday	

Weekly Planner

things to do	things to buy
_____	_____
_____	_____
_____	_____
_____	_____
_____	_____
_____	_____
_____	_____
_____	_____
_____	_____
_____	_____

Healthy Meals
for this week :

-
-
-
-
-
-
-
-

Work-out
  Schedule :

-
-
-
-
-

Reminders

Notes

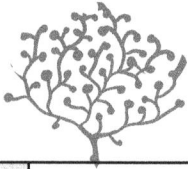

Weekly Planner

Monday		Tuesday	

Wednesday		Thursday	

Friday			

Sunday			

 # Weekly Planner

things to do	things to buy
_____	_____
_____	_____
_____	_____
_____	_____
_____	_____
_____	_____
_____	_____
_____	_____
_____	_____
_____	_____

Healthy Meals for this week :

-
-
-
-
-
-
-
-

Work-out Schedule :

-
-
-
-
-

Reminders

Notes

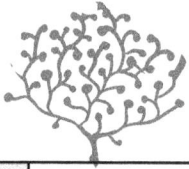

Weekly Planner

Monday		Tuesday
Wednesday		**Thursday**
Friday		
Sunday		

# Weekly Planner

things to do	things to buy
_____	_____
_____	_____
_____	_____
_____	_____
_____	_____
_____	_____
_____	_____
_____	_____
_____	_____
_____	

Healthy Meals
for this week :

-
-
-
-
-
-
-
-

Work-out
Schedule :

-
-
-
-
-

Reminders

Notes

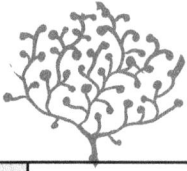

Weekly Planner

Monday		Tuesday
Wednesday		Thursday
Friday		
Sunday		

 # Weekly Planner

things to do	things to buy
_____	_____
_____	_____
_____	_____
_____	_____
_____	_____
_____	_____
_____	_____
_____	_____
_____	_____
_____	_____

Healthy Meals for this week :

-
-
-
-
-
-
-
-

Work-out Schedule :

-
-
-
-
-

Reminders

Notes

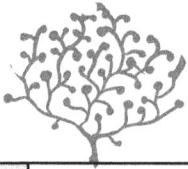

Weekly Planner

Monday		Tuesday
Wednesday		**Thursday**
Friday		
Sunday		

 # Weekly Planner

things to do

_____
_____
_____
_____
_____
_____
_____
_____
_____
_____

things to buy

_____
_____
_____
_____
_____
_____
_____
_____
_____

Healthy Meals for this week :

-
-
-
-
-
-
-
-

Reminders

Work-out Schedule :

-
-
-
-
-

Notes

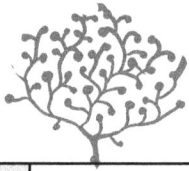

Weekly Planner

Monday		Tuesday	

Wednesday		Thursday	

Friday			

Sunday			

 # Weekly Planner

things to do

_____
_____
_____
_____
_____
_____
_____
_____
_____
_____

things to buy

_____
_____
_____
_____
_____
_____
_____

Healthy Meals for this week :

-
-
-
-
-
-
-
-

Work-out Schedule :

-
-
-
-
-

 ## Reminders

Notes

Weekly Planner

Monday	Tuesday

Wednesday	Thursday

Friday	

Sunday	

Weekly Planner

things to do	things to buy
_____	_____
_____	_____
_____	_____
_____	_____
_____	_____
_____	_____
_____	_____
_____	_____
_____	_____
_____	_____

Healthy Meals
for this week :

-
-
-
-
-
-
-
-

Work-out
Schedule :

-
-
-
-
-

Reminders

Notes

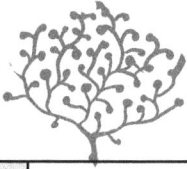

Weekly Planner

Monday	Tuesday

Wednesday	Thursday

Friday	

Sunday

 # Weekly Planner

things to do

_____
_____
_____
_____
_____
_____
_____
_____
_____
_____

things to buy

_____
_____
_____
_____
_____
_____
_____
_____

Healthy Meals for this week :

-
-
-
-
-
-
-
-

Work-out Schedule :

-
-
-
-
-

Reminders

Notes

Weekly Planner

Monday	**Tuesday**
Wednesday	**Thursday**
Friday	
Sunday	

 # Weekly Planner

things to do	things to buy
_____	_____
_____	_____
_____	_____
_____	_____
_____	_____
_____	_____
_____	_____
_____	_____
_____	_____
_____	

Healthy Meals for this week :

-
-
-
-
-
-
-
-

Work-out Schedule :

-
-
-
-
-

Reminders

Notes

Weekly Planner

Monday

Tuesday

Wednesday

Thursday

Friday

Sunday

 # Weekly Planner

things to do   ## things to buy
_____   _____
_____   _____
_____   _____
_____   _____
_____   _____
_____   _____
_____   _____
_____   _____
_____   _____
_____   _____
_____

Healthy Meals for this week :

-
-
-
-
-
-
-
-

Work-out Schedule :

-
-
-
-
-

 ### Reminders

Notes

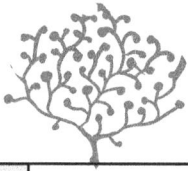

Weekly Planner

Monday		**Tuesday**
Wednesday		**Thursday**
Friday		
Sunday		

Weekly Planner

things to do	things to buy
_____	_____
_____	_____
_____	_____
_____	_____
_____	_____
_____	_____
_____	_____
_____	_____
_____	_____
_____	

Healthy Meals
for this week :

-
-
-
-
-
-
-
-

Work-out
    Schedule :

-
-
-
-
-

Reminders

Notes

Weekly Planner

Monday	Tuesday

Wednesday	Thursday

Friday	

Sunday	

 # Weekly Planner

things to do	things to buy
_____	_____
_____	_____
_____	_____
_____	_____
_____	_____
_____	_____
_____	_____
_____	_____
_____	

Healthy Meals for this week :

-
-
-
-
-
-
-
-

Work-out Schedule :

-
-
-
-
-

Reminders

Notes

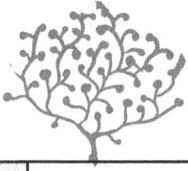

Weekly Planner

Monday	Tuesday
Wednesday	**Thursday**
Friday	
Sunday	

Weekly Planner

things to do

_____
_____
_____
_____
_____
_____
_____
_____
_____
_____

things to buy

_____
_____
_____
_____
_____
_____
_____
_____
_____
_____

Healthy Meals for this week :

-
-
-
-
-
-
-
-

Work-out Schedule :

-
-
-
-
-

Reminders

Notes

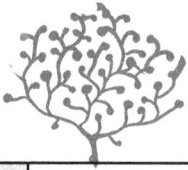

Weekly Planner

Monday		Tuesday	

Wednesday		Thursday	

Friday			

Sunday			

# Weekly Planner

things to do	things to buy
_____	_____
_____	_____
_____	_____
_____	_____
_____	_____
_____	_____
_____	_____
_____	_____
_____	_____
_____	_____

Healthy Meals for this week :

-
-
-
-
-
-
-
-

Work-out Schedule :

-
-
-
-
-

## Reminders

## Notes

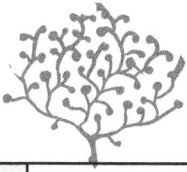

Weekly Planner

Monday	Tuesday
Wednesday	**Thursday**
Friday	
Sunday	

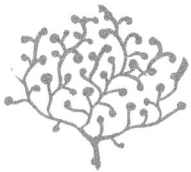

Weekly Planner

things to do	things to buy
_____	_____
_____	_____
_____	_____
_____	_____
_____	_____
_____	_____
_____	_____
_____	_____
_____	_____
_____	

Healthy Meals for this week :

-
-
-
-
-
-
-
-

Work-out Schedule :

-
-
-
-
-

Reminders

Notes

Weekly Planner

Monday

Tuesday

Wednesday

Thursday

Friday

Sunday

Weekly Planner

things to do	things to buy
_____	_____
_____	_____
_____	_____
_____	_____
_____	_____
_____	_____
_____	_____
_____	_____
_____	_____
_____	_____

Healthy Meals
for this week :

-
-
-
-
-
-
-
-

Work-out
    Schedule :

-
-
-
-
-

Reminders

Notes

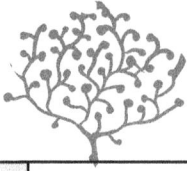

Weekly Planner

Monday	Tuesday

Wednesday	Thursday

Friday	

Sunday	

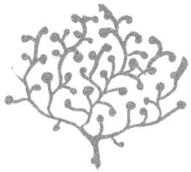

Weekly Planner

things to do	things to buy
_____	_____
_____	_____
_____	_____
_____	_____
_____	_____
_____	_____
_____	_____
_____	_____
_____	_____
_____	

Healthy Meals
for this week :

-
-
-
-
-
-
-
-

Work-out
Schedule :

-
-
-
-
-

Reminders

Notes

Weekly Planner

Monday	Tuesday
Wednesday	Thursday
Friday	
Sunday	

# Weekly Planner

things to do	things to buy
_____	_____
_____	_____
_____	_____
_____	_____
_____	_____
_____	_____
_____	_____
_____	_____
_____	_____
_____	_____

Healthy Meals for this week :

-
-
-
-
-
-
-
-

Work-out Schedule :

-
-
-
-
-

## Reminders

## Notes

Weekly Planner

Monday

Tuesday

Wednesday

Thursday

Friday

Sunday

Weekly Planner

things to do	things to buy
_____	_____
_____	_____
_____	_____
_____	_____
_____	_____
_____	_____
_____	_____
_____	_____
_____	_____
_____	

Healthy Meals
  for this week :

-
-
-
-
-
-
-
-

Work-out
    Schedule :

-
-
-
-
-

Reminders

Notes

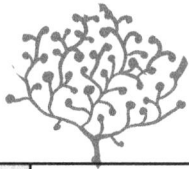

Weekly Planner

Monday	Tuesday

Wednesday	Thursday

Friday	

Sunday

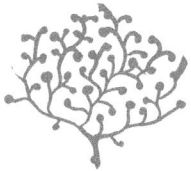

Weekly Planner

things to do

_____
_____
_____
_____
_____
_____
_____
_____
_____
_____
_____

things to buy

_____
_____
_____
_____
_____
_____
_____
_____
_____

Healthy Meals for this week :

-
-
-
-
-
-
-
-

Work-out Schedule :

-
-
-
-
-

Reminders

Notes

Weekly Planner

Monday	Tuesday

Wednesday	Thursday

Friday	

Sunday	

# Weekly Planner

things to do	things to buy
_____	_____
_____	_____
_____	_____
_____	_____
_____	_____
_____	_____
_____	_____
_____	_____
_____	_____

Healthy Meals for this week :

-
-
-
-
-
-
-

Reminders

Work-out Schedule :

-
-
-
-
-

Notes

Weekly Planner

Monday	Tuesday
Wednesday	Thursday
Friday	
Sunday	

# Weekly Planner

things to do	things to buy
_____	_____
_____	_____
_____	_____
_____	_____
_____	_____
_____	_____
_____	_____
_____	_____
_____	_____
_____	

Healthy Meals for this week :

-
-
-
-
-
-
-
-

Work-out Schedule :

-
-
-
-
-

Reminders

Notes

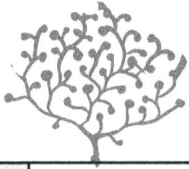

Weekly Planner

Monday		Tuesday	

Wednesday		Thursday	

Friday			

Sunday	

 # Weekly Planner

things to do	things to buy
_____	_____
_____	_____
_____	_____
_____	_____
_____	_____
_____	_____
_____	_____
_____	_____
_____	_____
_____	

Healthy Meals for this week :

-
-
-
-
-
-
-
-

Work-out Schedule :

-
-
-
-
-

 ## Reminders

Notes

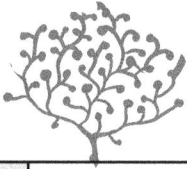

Weekly Planner

Monday		Tuesday

Wednesday		Thursday

Friday		

Sunday		

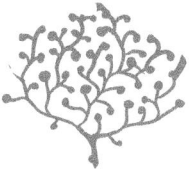

Weekly Planner

things to do

_____
_____
_____
_____
_____
_____
_____
_____
_____
_____

things to buy

_____
_____
_____
_____
_____
_____
_____
_____
_____
_____

Healthy Meals for this week :

-
-
-
-
-
-
-
-

Work-out Schedule :

-
-
-
-
-

Reminders

Notes

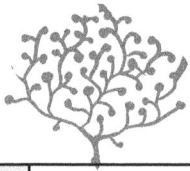

Weekly Planner

Monday		Tuesday	

Wednesday		Thursday	

Friday			

Sunday			

Weekly Planner

things to do

_____
_____
_____
_____
_____
_____
_____
_____
_____
_____

things to buy

_____
_____
_____
_____
_____
_____
_____
_____

Healthy Meals for this week :

-
-
-
-
-
-
-
-

Work-out Schedule :

-
-
-
-
-

Reminders

Notes

Weekly Planner

Monday		Tuesday
Wednesday		Thursday
Friday		
Sunday		

 # Weekly Planner

things to do

_____
_____
_____
_____
_____
_____
_____
_____
_____
_____

things to buy

_____
_____
_____
_____
_____
_____
_____
_____
_____
_____

Healthy Meals for this week :

-
-
-
-
-
-
-
-

Work-out Schedule :

-
-
-
-
-

 ### Reminders

 ### Notes

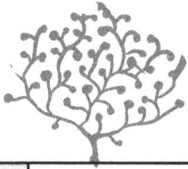

Weekly Planner

Monday	**Tuesday**
Wednesday	**Thursday**
Friday	
Sunday	

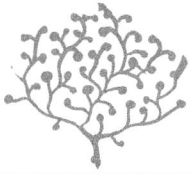

Weekly Planner

things to do	things to buy
_____	_____
_____	_____
_____	_____
_____	_____
_____	_____
_____	_____
_____	_____
_____	_____
_____	

Healthy Meals for this week :

-
-
-
-
-
-
-
-

Work-out Schedule :

-
-
-
-
-

Reminders

Notes

Weekly Planner

Monday		Tuesday	

Wednesday

Thursday

Friday

Sunday

 # Weekly Planner

things to do	things to buy
_____	_____
_____	_____
_____	_____
_____	_____
_____	_____
_____	_____
_____	_____
_____	_____
_____	_____
_____	_____

Healthy Meals
   for this week :

-
-
-
-
-
-
-

Work-out
      Schedule :

-
-
-
-
-

 Reminders

 Notes

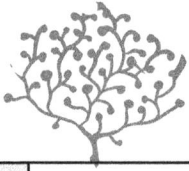

Weekly Planner

Monday	Tuesday
Wednesday	**Thursday**
Friday	
Sunday	

# Weekly Planner

things to do

_____
_____
_____
_____
_____
_____
_____
_____
_____
_____
_____

things to buy

_____
_____
_____
_____
_____
_____
_____
_____

Healthy Meals for this week :

-
-
-
-
-
-
-
-

Work-out Schedule :

-
-
-
-
-

Reminders

Notes

Weekly Planner

Monday	**Tuesday**
Wednesday	**Thursday**
Friday	
Sunday	

Weekly Planner

things to do

_____
_____
_____
_____
_____
_____
_____
_____
_____
_____

things to buy

_____
_____
_____
_____
_____
_____
_____
_____
_____

Healthy Meals
for this week :

-
-
-
-
-
-
-
-

Work-out
Schedule :

-
-
-
-
-

Reminders

Notes

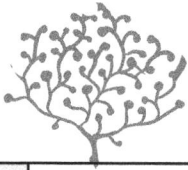

Weekly Planner

Monday	Tuesday

Wednesday	Thursday

Friday	

Sunday

 # Weekly Planner

things to do	things to buy
_____	_____
_____	_____
_____	_____
_____	_____
_____	_____
_____	_____
_____	_____
_____	_____
_____	_____
_____	

Healthy Meals
for this week :

-
-
-
-
-
-
-
-

Work-out
        Schedule :

-
-
-
-
-

Reminders

Notes

Weekly Planner

Monday	Tuesday

Wednesday	Thursday

Friday	

Sunday

# Weekly Planner

things to do

_____
_____
_____
_____
_____
_____
_____
_____
_____
_____

things to buy

_____
_____
_____
_____
_____
_____
_____
_____

Healthy Meals for this week :

-
-
-
-
-
-
-
-

Work-out Schedule :

-
-
-
-
-

### Reminders

### Notes

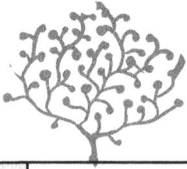

Weekly Planner

Monday

Tuesday

Wednesday

Thursday

Friday

Sunday

# Weekly Planner

things to do

_____
_____
_____
_____
_____
_____
_____
_____
_____
_____
_____

things to buy

_____
_____
_____
_____
_____
_____
_____
_____
_____

Healthy Meals for this week :

-
-
-
-
-
-
-
-

Work-out Schedule :

-
-
-
-
-

## Reminders

Notes

Weekly Planner

Monday

Tuesday

Wednesday

Thursday

Friday

Sunday

 # Weekly Planner

things to do	things to buy
_____	_____
_____	_____
_____	_____
_____	_____
_____	_____
_____	_____
_____	_____
_____	_____
_____	_____

Healthy Meals for this week :

-
-
-
-
-
-
-
-

Work-out Schedule :

-
-
-
-
-

Reminders

Notes

Weekly Planner

Monday	Tuesday

Wednesday	Thursday

Friday	

Sunday

Weekly Planner

things to do	things to buy
_____	_____
_____	_____
_____	_____
_____	_____
_____	_____
_____	_____
_____	_____
_____	_____
_____	_____
_____	

Healthy Meals
for this week :

-
-
-
-
-
-
-
-

Work-out
  Schedule :

-
-
-
-
-

Reminders

Notes

Weekly Planner

Monday	Tuesday
Wednesday	Thursday
Friday	
Sunday	

 # Weekly Planner

things to do

_____
_____
_____
_____
_____
_____
_____
_____
_____
_____
_____

things to buy

_____
_____
_____
_____
_____
_____
_____
_____

Healthy Meals for this week :

-
-
-
-
-
-
-
-

Work-out Schedule :

-
-
-
-
-

 ## Reminders

Notes

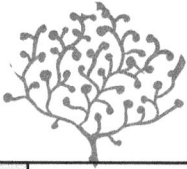

Weekly Planner

Monday		Tuesday	
Wednesday		**Thursday**	
Friday			
Sunday			

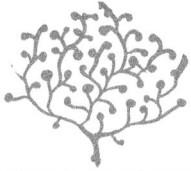

Weekly Planner

things to do	things to buy
_____	_____
_____	_____
_____	_____
_____	_____
_____	_____
_____	_____
_____	_____
_____	_____
_____	_____
_____	

Healthy Meals
for this week :

-
-
-
-
-
-
-
-

Work-out
Schedule :

-
-
-
-
-

Reminders

Notes

Weekly Planner

Monday		Tuesday	
Wednesday		**Thursday**	
Friday			
Sunday			

 # Weekly Planner

things to do

_____
_____
_____
_____
_____
_____
_____
_____
_____
_____
_____
_____

things to buy

_____
_____
_____
_____
_____
_____
_____
_____
_____

Healthy Meals for this week :

-
-
-
-
-
-
-
-

Work-out Schedule :

-
-
-
-
-

 ### Reminders

 ### Notes

www.ingramcontent.com/pod-product-compliance
Lightning Source LLC
Chambersburg PA
CBHW081336090426
42737CB00017B/3161